VIA MEA

Vokabelheft 3

Herausgegeben von
Susanne Pinkernell-Kreidt, Jens Kühne, Peter Kuhlmann

unter Mitwirkung von
Dieter Belde, Andreas Efing, Gisa Lamke, Dietmar Schmitz,
Stefan Schrade, Stephanie Weck, Peggy Wittich

Cornelsen

Redaktion: Werner Schmidt
Coverfotos: L: Discobolus, Vatican Museums and Galleries, Vatican City / Alinari / The Bridgeman Art Library; R: Stefan Wagner, Berlin.
Umschlaggestaltung: Michael Anker
Layoutkonzept und technische Umsetzung: Checkplot Anker&Röhr, Berlin

www.cornelsen.de

1. Auflage, 1. Druck 2013

Alle Drucke dieser Auflage sind inhaltlich unverändert
und können im Unterricht nebeneinander verwendet werden.

Druck: H. Heenemann, Berlin

ISBN 978-3-06-021289-7

Inhalt gedruckt auf säurefreiem Papier aus nachhaltiger Forstwirtschaft.

Im Vokabelverzeichnis sind links die lateinischen Wörter genau in der Reihenfolge aufgeführt, in der sie im Lektionstext vorkommen. Die Ziffern links am Rand neben den Vokabeln erleichtern das Abzählen.

In der mittleren Spalte findest du die deutschen Bedeutungen der Vokabeln. In der rechten Spalte stehen deutsche, englische, französische, spanische und italienische Vokabeln, die ebenfalls von der lateinischen Vokabel abgeleitet sind. Oft kannst du hier Merkhilfen finden (Beispiel *Video*).

Du siehst aber auch, wie die Kenntnis lateinischer Vokabeln es dir erleichtert, Wörter moderner Sprachen zu verstehen. Die aufgeführten Wörter sind entnommen

- dem *Schülerduden Wortgeschichte* (Deutsch)
- dem Lernvokabular des Lehrwerkes *English G 21 A1–A3* (Englisch)
- dem Lernvokabular des Lehrwerkes *À plus! Band 1–3* (Französisch)

Über 90 % der Vokabeln der romanischen Sprachen stammen aus dem Lateinischen. Entsprechend umfangreich ist die Zahl der möglichen Vergleichswörter aus dem Spanischen und Italienischen. Hier sind nur ausgewählte Beispiele aus dem alltäglichen Vokabular angegeben.

Nenne selbst weitere verwandte Wörter aus dem Spanischen, Italienischen oder anderen dir bekannten Sprachen.

Lektion 26

nātus, -a, -um	geboren	*dt.* die Nation, national; *engl.* nation, national
prīvātus, -a, -um	privat, persönlich	
comparāre, comparō, comparāvī, comparātum (▷ parāre Lekt. 4)	vorbereiten; beschaffen; vergleichen	*engl.* (to) compare; *fr.* comparer
lībertās, lībertātis *f.* (▷ līberāre Lekt. 16, līber Lekt. 26 unten)	(die) Freiheit	*sp.* libertad
vindicāre, vindicō, vindicāvī, vindicātum	beanspruchen; schützen; bestrafen; befreien	
cōnscrībere, cōnscrībō, cōnscrīpsī, cōnscrīptum (▷ scrībere Lekt. 11)	eintragen, aufschreiben; ausheben *(Soldaten)*	
favēre, faveō, fāvī, fautum *(mit Dat.)*	begünstigen, unterstützen	*dt.* der Favorit; *engl.* favourite
causa, -ae *f.* (▷ causā *(m. Gen.)* Lekt. 25) **quā dē causā**	der/ein Grund, die/eine Ursache; der/ein Prozess, die/eine Rechtsangelegenheit aus diesem Grund, deshalb	*engl.* cause; *sp./it.* causa

	triumvir, triumvirī *m.* (▷ trēs, tria, *Gen.* trium Lekt. 10, vir Lekt. 4)	der/ein Triumvir *(Mitglied eines Triumvirats)*	
10	**uterque, utraque, utrumque**	jeder (von zweien), beide	
	peregrīnus, -a, -um	fremd, ausländisch	
	meminisse, meminī	sich erinnern an, denken an	
	inimīcus, -a, -um **inimīcus, -ī** *m.*	feindlich der/ein *(persönliche/r)* Feind	*engl.* enemy; *sp.* enemigo
	concordia, -ae *f.*	(die) Eintracht, (die) Harmonie	
15	**ōtium, -ī** *n.*	(die) freie Zeit, (die) Ruhe; (der) Frieden	
	flōrēre, flōreō, flōruī (▷ flōs Lekt. 14)	blühen	*engl.* flower
	saeculum, -ī *n.*	das/ein Zeitalter; das/ein Jahrhundert	*fr.* le siècle
	diuturnus, -a, -um (▷ diū Lekt. 7)	lange, lange andauernd	
	pācāre, pācō, pācāvī, pācātum (▷ pāx Lekt. 7)	befrieden; unterwerfen	
20	**fīnitimus, -a, -um**	benachbart; verwandt	

pārēre, pāreō, pāruī	gehorchen	*dt.* parieren
lēgātus, -ī *m.*	der/ein Gesandte(r); der/ein Feldherr	
amīcitia, -ae *f.* (▷ amīcus, amīca Lekt. 4)	die/eine Freundschaft	*fr.* l'amitié; *it.* amicizia
ōdisse, ōdī (▷ odium Lekt. 11)	hassen	
25 **nōmināre, nōminō, nōmināvī, nōminātum** (▷ nōmen Lekt. 14)	nennen, benennen	
cūrāre *(mit Gerundivum)* (▷ cūrāre, cūra Lekt. 14)	sorgen für; lassen	*dt.* kurieren; *sp.* curar
sūmptus, sūmptūs *m.*	der/ein Aufwand; (die) Kosten	
theātrum, -ī *n.*	das/ein Theater	
grandis, grandis, grande, *Gen.:* **grandis**	groß; bedeutend	*fr.* grand, -e
30 **reficere, reficiō, refēcī, refectum** (▷ facere Lekt. 10)	wiederherstellen	
stultus, -a, -um	dumm	

līber, -a, -um (▷ līberāre Lekt. 16, lībertās Lekt. 26 oben)	frei	
cupiditās, cupiditātis *f.* (▷ cupere Lekt. 5, cupidus Lekt. 25)	(das) Verlangen, (die) Begierde, die/eine Leidenschaft	
potestās, potestātis *f.* (▷ potēns Lekt. 25)	die/eine (Amts)Gewalt; (die) Macht; die/eine Möglichkeit	
35 **trahere, trahō, trāxī, tractum**	ziehen, schleppen	*dt.* der Traktor

Lektion 27

luxuria, -ae *f.*	(die) Verschwendung(ssucht)	*dt.* der Luxus
nūllus, -a, -um *Gen.:* **nūllīus;** *Dat.:* **nūllī**	kein	*dt.* null; *fr.* nul,-le
pecūnia, -ae *f.*	(das) Geld	
frūctus, frūctūs *m.* (▷ frūx Lekt. 14)	der/ein Gewinn, der/ein Ertrag, der/ein Nutzen	*dt.* die Frucht; *engl.* fruit; *it.* frutto
5 **dōnāre, dōnō, dōnāvī, dōnātum** (▷ dōnum Lekt. 1)	schenken	*fr.* donner; *it.* donare

	cōnsūmere, cōnsūmō, cōnsūmpsī, cōnsūmptum	verbrauchen, verwenden	*dt.* konsumieren, der Konsum
	plēbs, plēbis *f.*	(die) „Plebs“ (*alle Nichtpatrizier*), der/ein Pöbel, der/ein Mob; die/eine Menge	
	inopia, -ae *f.*	der/ein Mangel, (die) Not	
	abstinēre, abstineō, abstinuī, abstentum *(mit Abl.)* (▷ ā/ab Lekt. 6, tenēre Lekt. 4)	sich fernhalten von	*dt.* die Abstinenz
10	**ratiō, ratiōnis** *f.*	die/eine Überlegung, der/ein Plan, die/eine Berechnung, (die) Vernunft	*dt.* die Ration
	contemnere, contemnō, contempsī, contemptum	geringschätzen, verachten	
	cēnsēre, cēnseō, cēnsuī, cēnsum	schätzen, meinen; beschließen	
	exemplum, -ī *n.*	das/ein Beispiel	*dt.* das Exemplar; *engl.* example; *fr.* l’exemple
	commemorāre, commemorō, commemorāvī, commemorātum	erwähnen	
15	**mīlle**	tausend	*dt.* die Meile; *engl.* mile; *sp.* mil; *it.* mille

perniciōsus, -a, -um (▷ perniciēs Lekt. 18)	verderblich, schädlich	
pertinēre, pertineō, pertinuī (▷per Lekt. 5, tenēre Lekt. 4)	sich erstrecken	
appellāre, appellō, appellāvī, appellātum	anrufen; nennen	*dt.* der Appell, appellieren; *fr.* appeler
magnitūdō, magnitūdinis *f.* (▷ magnus Lekt. 2)	die/eine Größe	
20 **pēs, pedis** *m.*	der/ein Fuß	*dt.* das Pedal; *fr.* le pied
item *(Adv.)*	ebenso	
similis, similis, simile, *Gen.:* **similis**	ähnlich	
multitūdō, multitūdinis *f.* (▷ multus, multī Lekt. 2)	die/eine Menge	
genus, generis *n.*	das/ein Geschlecht; die/eine Gattung; die/eine Art	*dt.* die Generation; *fr.* le genre
25 **pecus, pecoris** *n.*, **pecudis** *f.*	(das) Vieh	
ac	und	
bēstia, -ae *f.*	das/ein (wilde/s) Tier	*dt.* die Bestie
quasi	sozusagen, quasi	

nēmō *Gen.:* **nūllīus**	niemand	
aequāre, aequō, aequāvī, aequātum	eben/gerade/gleich machen; erreichen	*dt.* der Äquator
māiestās, māiestātis *f.*	(die) Würde, (die) Größe; (die) Hoheit	*dt.* die Majestät
difficilis, difficilis, difficile, *Gen.:* **difficilis**	schwierig, schwer	*engl.* difficult; *sp.* difícil; *it.* difficile

Lektion 28

continēre, contineō, continuī, contentum (▷ tenēre Lekt. 4)	zusammenhalten, einschließen; in Schranken halten	
pōns, pontis *m.*	die/eine Brücke	*fr.* le pont; *it.* ponte
extrā *(mit Akk.)* (▷ ē/ex Lekt. 6)	außerhalb (von)	*dt./engl.* extra
numerus, -ī *m.*	die/eine Zahl, die/eine Anzahl; der/ein Takt	*dt.* die Nummer; *engl.* number; *fr.* le numéro
dīvīnus, -a, -um	göttlich, weissagend	*dt.* die Diva; *sp./it.* divino, -a

	cōnfīdere, cōnfīdō, cōnfīsus sum *(mit Dat./Abl.)* (▷ fidēs Lekt. 28 unten)	vertrauen; hoffen auf	
	cōnfirmāre, cōnfirmō, cōnfirmāvī, cōnfirmātum (▷ fīrmus Lekt. 18)	stärken, bekräftigen, versichern	*dt.* die Konfirmation
	clādēs, clādis *f.*	die/eine Niederlage; der/ein Verlust; das/ein Unglück	
	somnus, -ī *m.*	der/ein Schlaf	
10	**caelestis, caelestis, caeleste,** *Gen.:* **caelestis** (▷ caelum Lekt. 19)	himmlisch, göttlich	
	armāre, armō, armāvī, armātum (▷ arma Lekt. 17)	bewaffnen, ausrüsten	
	occāsiō, occāsiōnis *f.*	die/eine Gelegenheit	*engl.* occasion
	proficīscī, proficīscor, profectus sum	abreisen, aufbrechen; ausgehen von	
	trānsgredī, trānsgredior, trānsgressus sum	hinübergehen, überschreiten	
15	**aggredī, aggredior, aggressus sum**	sich wenden an; angreifen; beginnen	

intrā *(mit Akk.)* (▷ in Lekt. 6)	innerhalb	
ōrāculum, -ī *n.*	die/eine Orakelstätte; der/ein Orakelspruch	
exīre, exeō, exiī, exitum (▷ ē/ex Lekt. 6, īre Lekt. 5)	hinausgehen, weggehen; enden	
morī, morior, mortuus sum (▷ mors Lekt. 8)	sterben	*sp.* morir; *it.* morire
concurrere, concurrō, concurrī, concursum (▷ currere Lekt. 5)	zusammenlaufen, zusammentreffen	*dt.* der Konkurs, die Konkurrenz
verērī, vereor, veritus sum	scheuen, fürchten; verehren	
cōnārī, cōnor, cōnātus sum	versuchen, wagen	
vidērī, videor, vīsus sum (▷ vidēre Lekt. 1)	scheinen	
fierī, fīō, factus sum (▷ facere Lekt. 10)	gemacht werden, werden; geschehen	
sēditiō, sēditiōnis *f.*	der/ein Aufstand, der/ein Aufruhr	
nōtus, -a, -um	bekannt	
suspicārī, suspicor, suspicātus sum	argwöhnen, vermuten	

liber, librī *m.*	das/ein Buch	*engl.* library; *fr.* le livre; *sp.* libro
respōnsum, -ī *n.* (▷ respondēre Lekt. 2)	die/eine Antwort, der/ein Bescheid	*dt.* die Korrespondenz; *fr.* répondre
30 **fuga, -ae** *f.* (▷ fugere Lekt. 5)	die/eine Flucht; die/eine Verbannung	*it.* fuga
premere, premō, pressī, pressum (▷ opprimere Lekt. 11)	drücken, pressen; unterdrücken	*dt.* die Presse
lābī, lābor, lāpsus sum	fallen; (aus)gleiten	
superesse, supersum, superfuī (▷ esse Lekt. 1)	übrig sein, im Überfluss vorhanden sein; *(mit Dat.)* überlegen sein	
mīrārī, mīror, mīrātus sum (▷ mīrus Lekt. 6)	staunen, bewundern, sich wundern	
35 **fidēs, fideī** *f.* (▷ cōnfīdere Lekt. 28 oben)	(die) Treue; (das) Vertrauen; die/eine Zusicherung	
convertere, convertō, convertī, conversum (▷ vertere Lekt. 24)	(sich) umdrehen, (sich) wenden	
vetus, vetus, vetus, *Gen.:* **veteris**	alt	*fr.* vieux, vieil, -le

Verben der Lektionen 1–27:

Semideponentien

gaudēre, gaudeō, gāvīsus sum	sich freuen
solēre, soleō, solitus sum	gewohnt sein

Lektion 29

aquaeductus, aquaeductūs *m.* (▷ aqua Lekt. 4, ▷ dūcere Lekt. 5)	die/eine Wasserleitung, der *oder* das/ein Aquädukt	
impendere, impendō, impendī, impēnsum	(Geld) aufwenden, ausgeben	
omittere, omittō, omīsī, omissum	aufgeben, einstellen	
tantus, -a, -um	so groß, so viel	*sp.* tanto, -a
perdere, perdō, perdidī, perditum	zugrunde richten; verschwenden; verlieren	
fōns, fontis *m.*	die/eine Quelle	
quīdam, quaedam, quiddam *(subst.)* **quīdam, quaedam, quoddam** *(adjekt.)* (▷ quī, quae, quod Lekt. 9)	ein gewisser, ein bestimmter; *Pl.*: einige, manche irgendein; *Pl.*: einige, manche	

pūrus, -a, -um	rein, sauber	*dt.* pur
perdūcere, perdūcō, perdūxī, perductum (▷ per Lekt. 5, ▷ dūcere Lekt. 5)	(hindurch)führen	
sīcut (▷ sīc Lekt. 21)	(so) wie	
initium, -ī *n.*	der/ein Anfang, der/ein Beginn	*dt.* die Initiative
temptāre, temptō, temptāvī, temptātum	versuchen	
tantum *(Adv.)*	nur; so sehr, so viel, so weit	
plānus, -a, -um	flach, eben	*dt.* die Plane
arcus, arcūs *m.*	der/ein Bogen	
prior, prior, prius *Gen.:* **priōris** (*Superlativ*: **prīmus, -a, -um**)	der frühere, erste (von zweien), der vorige; der vorderste	
ērigere, ērigō, ērēxī, ērēctum (▷ ē/ex Lekt. 6, ▷ regere Lekt. 10)	errichten, aufrichten	
lapis, lapidis *m.*	der/ein Stein	

aliquis, aliquid *(subst.)* (▷ alius Lekt. 4, ▷ quis Lekt. 2, ▷ quid Lekt. 1)	(irgend)jemand, (irgend)etwas	
aliquī, aliqua, aliquod *(adjekt.)* (▷ alius Lekt. 4, ▷ quī, quae, quod Lekt. 9)	irgendein	
ut *(mit Ind.)*	wie	
vel **vel … vel**	oder entweder … oder	
architectus, -ī *m.*	der/ein Baumeister, der/ein Architekt	
ēvenīre, ēveniō, ēvēnī, ēventum (▷ ē/ex Lekt. 6, ▷ venīre Lekt. 3)	geschehen, sich ereignen; in Erfüllung gehen; ausgehen	*engl.* event
affirmāre, affirmō, affirmāvī, affirmātum (▷ fīrmus Lekt. 18, ▷ cōnfirmāre Lekt. 28)	versichern; bestätigen	
ūtilitās, ūtilitātis *f.* (▷ ūtilis Lekt. 22)	(die) Tauglichkeit; der/ein Nutzen	*engl.* (to) use; *fr.* utiliser, utile
dīgnus, -a, -um	würdig, angemessen, wert	
grātiās agere (▷ grātus Lekt. 3, ▷ agere Lekt. 12)	jmdm. danken	

	velle, volō, voluī	wollen	*fr.* vouloir; *it.* volere
	secundum *(mit Akk.)*	gemäß, nach; zugunsten von	
30	**dīgnitās, dīgnitātis** *f.*	(die) Würde	
	perficere, perficiō, perfēcī, perfectum (▷ per Lekt. 5, ▷ facere Lekt. 10)	bauen; beenden, vollenden	*dt.* perfekt, das Perfekt
	status, statūs *m.* (▷ stāre Lekt. 1)	der/ein Stand, der/ein Zustand; die/eine Lage	*dt.* der Staat, die Station; *sp.* estado; *it.* stato
	nōlle, nōlō, nōluī	nicht wollen	
	accēdere, accēdō, accessī, accessum (▷ ad Lekt. 5, ▷ cēdere Lekt. 17)	(heran)kommen, herantreten; sich nähern	
35	**perturbāre, perturbō, perturbāvī, perturbātum** (▷ per Lekt. 5, ▷ turba Lekt. 2)	verwirren, stören, in Unordnung bringen	
	dīligentia, -ae *f.*	(die) Sorgfalt	*it.* diligenza
	pollicērī, polliceor, pollicitus sum	versprechen	

convenīre, conveniō, convēnī, conventum **convenit, convēnit** (▷ cum Lekt. 6, ▷ venīre Lekt. 3)	zusammenkommen; zustande kommen; sich einigen man einigt sich, man kommt überein	
fore, futūrum esse (▷ esse Lekt. 1)	sein werden, in Zukunft sein	*dt.* das Futur; *engl.* future
40 **mālle, mālō, māluī**	lieber wollen	

Lektion 30

dēdūcere, dēdūcō, dēdūxī, dēductum (▷ dē Lekt. 6, ▷ dūcere Lekt. 5)	wegführen; hinbringen, geleiten	
igitur	also	
duo, duae, duo	zwei	*dt.* das Duo; *engl.* two; *fr.* deux; *it.* due
vērō *(Adv.)*	aber	
5 **sōlus, -a, -um** *Gen.:* **sōlīus** *Dat.:* **sōlī**	allein	*dt.* das Solo; *fr.* seul,-e

pellere, pellō, pepulī, pulsum	treiben; stoßen, schlagen	*dt.* der Puls
pauper, pauper, pauper, *Gen.:* **pauperis**	arm	
persequī, persequor, persecūtus sum (▹ per Lekt. 5)	nachfolgen; verfolgen	
loquī, loquor, locūtus sum	sagen, reden, sprechen	
animadvertere, animadvertō, animadvertī, animadversum (▹ animus Lekt. 21, ▹ ad Lekt. 5, ▹ vertere Lekt. 24)	bemerken	
āit	er, sie, es sagt/sagte	
precārī, precor, precātus sum	bitten	
tēctum, -ī *n.*	das/ein Dach; das/ein Haus	
paupertās, paupertātis *f.*	(die) Armut	
adulēscēns, adulēscentis *m. u. f.*	der/ein junge/r Mann; die/eine junge Frau	
vādere, vādō	gehen; losgehen	
revertī, revertor, revertī	zurückkehren; umkehren	

admonēre, admoneō, admonuī, admonitum (▷ ad Lekt. 5, ▷ monēre Lekt. 12)	ermahnen; erinnern	
reddere, reddō, reddidī, redditum (▷ dare Lekt. 4)	zurück-, wiedergeben	
patī, patior, passus sum	(er)dulden	*dt.* der Patient, das Passiv
memoria, -ae *f.* (▷ meminisse Lekt. 26)	die/eine Erinnerung; das/ein Gedächtnis	*engl.* memory; *fr.* memoire; *sp.* memoria
dīves, dīves, dīves, *Gen.:* **dīvitis** (▷ dīvitiae Lekt. 9)	reich	
minuere, minuō, minuī, minūtum (▷ minimē Lekt. 6)	vermindern; verringern	*dt.* minus
grātiās habēre (▷ grātus Lekt. 3, ▷ habēre Lekt. 22)	danken	
quattuor	vier	*dt.* das Quartal; *fr.* quatre
quīnque	fünf	*fr.* cinq
sīve **sīve … sīve**	oder, oder wenn sei es, dass … oder dass; entweder … oder	

cāsus, cāsūs *m.* (▷ cadere Lekt. 6)	der/ein (Zu)Fall	*dt.* der Kasus; *engl.* case
familia, -ae *f.*	die/eine Familie *(umfasst alle Mitglieder der Hausgemeinschaft, auch Sklaven)*	*engl.* family; *fr.* famille; *sp.* familia
30 **cōnsequī, cōnsequor, cōnsecūtus sum**	folgen; erreichen	*dt.* die Konsequenz, konsequent
trānquillus, -a, -um	ruhig	
trādūcere, trādūcō, trādūxī, trāductum (▷ dūcere Lekt. 5)	hinüberführen	

Lektion 31

spatium, -ī *n.*	der/ein Zwischenraum; die/eine Wegstrecke	*dt.* spazieren; *engl.* space
dīstinguere, dīstinguō, dīstīnxī, dīstīnctum	unterscheiden	
ūtī, ūtor, ūsus sum *(mit Abl.)* (▷ ūtilis Lekt. 22, ▷ ūtilitās Lekt. 29)	benutzen, gebrauchen	*dt.* die Utensilien; *engl.* (to) use

turris, turris *f.*	der/ein Turm	
ūsus, ūsūs *m.* (▷ ūtilis Lekt. 22, ▷ ūtilitās Lekt. 29, ▷ ūtī Lekt. 31 oben)	(der) Gebrauch, (die) Benutzung; der/ein Nutzen, der/ein Vorteil	*engl.* use
hortārī, hortor, hortātus sum	auffordern, ermahnen	
īdem, eadem, idem (▷ is, ea, id Lekt. 9)	derselbe, dieselbe, dasselbe	*dt.* identisch, die Identität
ortus, ortūs *m.*	(der) Aufgang (*eines Gestirns*)	
sōl, sōlis *m.*	(die) Sonne	*dt.* das Solarium; *fr.* soleil; *sp.* sol; *it.* sole
postrēmō *(Adv.)* (▷ post Lekt. 10)	schließlich, endlich, zuletzt	
occidere, occidō, occidī, occāsum	untergehen (*eines Gestirns*)	
acūtus, -a, -um	scharf; scharfsinnig	*dt.* akut
tōtus, -a, -um *Gen.:* **tōtīus** *Dat.:* **tōtī**	ganz	*dt.* total; *fr.* tout, -e; *sp.* todo, -a
dīvidere, dīvidō, dīvīsī, dīvīsum	trennen; unterscheiden; (zu)teilen	*dt.* dividieren, die Division; *engl.* (to) divide; *sp.* dividir; *it.* dividere

15 **incertus, -a, -um** (▷ certus Lekt. 22)	unsicher, unschlüssig; ungewiss, unklar	
rārus, -a, -um	selten	*dt.* rar, die Rarität
cor, cordis *n.*	das/ein Herz; die/eine Seele	*fr.* cœur
servīre, serviō, servīvī, servītum (▷ servus Lekt. 2)	Sklave sein; dienen	*dt.* servieren, der Service; *engl.* service
nihilō minus *(Adv.)* (▷ nihil Lekt. 8)	trotzdem	
20 **alere, alō, aluī, altum**	ernähren, fördern	
ōrdo, ōrdinis *m.* **ōrdinēs dūcere** (▷ dūcere Lekt. 5)	der/ein Stand; die/eine Reihe; (die) Ordnung eine (*militärische*) Abteilung anführen	*dt.* ordnen, der Orden; *engl.* order
membrum, -ī *n.*	das/ein Teil; das/ein Glied	
vīctus, vīctūs *m.*	(der) (Lebens)Unterhalt; (die) Nahrung	
in fidem accipere (▷ in Lekt. 5, ▷ fidēs Lekt. 28, ▷ accipere Lekt. 11)	unter seinen Schutz nehmen	
25 **vīcīnus, -ī** *m.*	der/ein Nachbar	

līberālitās, līberālitātis *f.* (▷ līberāre Lekt. 16, ▷ līber Lekt. 26)	(die) Freundlichkeit; (die) Freigebigkeit	
quidem *(Adv.)* (▷ nē … quidem Lekt. 15)	wenigstens; freilich; zwar	

Lektion 32

longē *(mit Superlat.)* (▷ longus, -a, -um Lekt. 15)	weitaus, bei Weitem	*engl.* long; *fr.* long, longue
centum	hundert	*dt.* der Zentimeter, der Zentner; *fr.* cent; *sp.* cien(to); *it.* cento
pāgus, -ī *m.*	der/ein Bezirk; das/ein Dorf	
quotannīs *(Adv.)* (▷ annus Lekt. 12)	jedes Jahr	
singulī, -ae, -a	jeweils eine/r/s; einzeln	*dt.* Singular; *engl.* single
ēdūcere, ēdūcō, ēdūxī, ēductum (▷ ē/ex Lekt. 6, ▷ dūcere Lekt. 5)	herausführen	

reliquus, a, -um (▷ relinquere Lekt. 15)	übrig; *Pl.* die Übrigen	*dt.* die Reliquie
domī *(Adv.)* (▷ domus Lekt. 11)	zu Hause	*dt.* der Dom
remanēre, remaneō, remānsī, remānsum (▷ manēre Lekt. 9)	zurückbleiben	*it.* rimanere
agrīcultūra, -ae *f.* (▷ ager Lekt. 14, ▷ colere Lekt. 8)	(die) Landwirtschaft	
intermittere, intermittō, intermīsī, intermissum (▷ inter Lekt. 9, ▷ mittere Lekt. 11)	unterbrechen; verstreichen lassen	
multum *(Adv.)* (▷ multus Lekt. 2)	sehr; häufig	*dt.* multiplizieren; *engl.* multicultural
lac, lactis *n.*	(die) Milch	*fr.* lait
exercitātiō, exercitātiōnis *f.*	das/ein Training, die/eine Übung, der/ein Sport	*engl.* exercise; *fr.* exercice
ā puerīs (▷ ā/ab Lekt. 6, ▷ puer Lekt. 3)	von Kindheit an	
disciplīna, -ae *f.*	(der) Unterricht; (die) Erziehung; (die) Disziplin	*fr.* discipline

omnīnō *(Adv.)* (▷ omnis Lekt. 14)	überhaupt, gänzlich	
voluntās, voluntātis *f.*	der/ein Wille, die/eine Absicht; (die) Zustimmung	
immānis, immānis, immāne, *Gen.:* **immānis**	ungeheuer, riesig	
efficere, efficiō, effēcī, effectum (▷ ē/ex Lekt. 6, ▷ facere Lekt. 10)	bewirken; erzeugen; machen	*dt.* der Effekt; *fr.* effet
cōnsuētūdō, cōnsuētūdinis *f.*	die/eine Gewohnheit	
praeter *(mit Akk.)*	an ... vorbei; außer	
lavāre, lavō, lāvī, lautum	waschen	*fr.* laver
trānsīre, trānseō, trānsiī, **trānsitum** (▷ īre Lekt. 5)	überschreiten, durchqueren	
aditus, aditūs *m.* (▷ adīre Lekt. 15)	der/ein Zugang	
emere, emō, ēmī, ēmptum	kaufen	
nāscī, nāscor, nātus sum	geboren werden; entstehen	*dt.* Renaissance; *it.* nascere
pergere, pergō, perrēxī, **perrēctum**	aufbrechen; weitermachen; *(in der Rede)* fortfahren	

arbitrārī, arbitror, arbitrātus sum	glauben, meinen	
30 **lātus, -a, -um**	breit; ausgedehnt	
vacāre, vacō, vacāvī, vacātum *(mit Abl.)*	frei sein von; unbewohnt sein; Zeit haben	*dt.* das Vakuum; *engl.* vacation; *fr.* vacances
sīgnificāre, sīgnificō, sīgnificāvī, sīgnificātum (▷ sīgnum Lekt. 21, ▷ facere Lekt. 10)	bezeichnen, bedeuten	*dt.* das Signal; *engl.* sign
prohibēre, prohibeō, prohibuī, prohibitum *(mit Abl.)*	fernhalten von, abhalten; hindern	
contingit, contigit	es geschieht; es gelingt	

Lektion 33

spectāculum, -ī *n.* (▷ spectāre Lekt. 2)	das/ein Schauspiel; das/ein öffentliche/s Vergnügen	*dt.* das Spektakel
convīvium, -ī *n.* (▷ cum Lekt. 6, ▷ vīvere Lekt. 14)	das/ein Gastmahl; die/eine Party	
corrumpere, corrumpō, corrūpī, corruptum	verderben; bestechen	*dt.* korrupt, die Korruption

sēcrētus, -a, -um **sēcrētum, -ī** *n.*	geheim; verborgen das/ein Geheimnis	
poena, -ae *f.*	die/eine Strafe	*dt.* die Pein, peinigen; *engl.* pain
praesēns, praesēns, praesēns, *Gen.:* **praesentis** (▷ prae Lekt. 6, ▷ esse Lekt. 1)	gegenwärtig	*dt.* das Präsens; *engl.* present; *fr.* présenter
permittere, permittō, permīsī, permissum (▷ per Lekt. 5, ▷ mittere Lekt. 11)	überlassen, anvertrauen; erlauben	
venia, -ae *f.*	(die) Verzeihung, (die) Nachsicht; der/ein Gefallen	
aetās, aetātis *f.*	die/eine Zeit; die/eine Epoche; das/ein (Lebens)Alter; die/eine Generation	*engl.* age; *fr.* l'âge
illīc *(Adv.)*	dort	
vitium, -ī *n.*	der/ein Fehler	
virgō, virginis *f.*	die/eine Jungfrau; das/ein Mädchen; die/eine junge bzw. unverheiratete Frau	

vōtum, -ī *n.*	das/ein feierliche/s Versprechen; das/ein Gebet; der/ein Wunsch	*engl.* vote
semel *(Adv.)*	einmal	
15 **ūllus, -a, -um** (▷ nōnnūllī Lekt. 8)	irgendein/e/s	
ultrā *(Adv.)*	darüber hinaus	*dt.* der Ultraschall
tamquam *(Adv.)* (▷ tam Lekt. 21, ▷ quam Lekt. 7)	gewissermaßen; gleichsam; *Subjunktion*: als ob	
mātrimōnium, -ī *n.*	Ehe	
quisquam, quicquam (▷ quis Lekt. 2, ▷ quid Lekt. 1)	(irgend)eine(r), (irgend)etwas	
20 **flāgitium, -ī** *n.*	das/ein Verbrechen; die/eine Schande	
alibī *(Adv.)* (▷ alius Lekt. 4, ▷ ibī Lekt. 4)	anderswo	*dt.* das Alibi
sevērus, -a, -um	streng	
magis *(Adv.)*	mehr; eher	
soror, sorōris *f.*	die/eine Schwester	*fr.* sœur
25 **honor, honōris** *m.*	die/eine Ehre; das/ein Ehrenamt	*dt.* das Honorar; *sp.* honor; *it.* onore

	sanguis, sanguinis *m.*	(das) Blut	
	arbitrārī, arbitror, arbitrātus sum	glauben, meinen	
	quantō … tantō (▷ quantus Lekt. 22, ▷ tantus Lekt. 29)	je … desto	
	senectūs, senectūtis *f.* (▷ senex Lekt. 17)	das/ein hohe/s Alter	
30	**commodum, -ī** *n.*	der/ein Vorteil	
	quisquis (▷ quis Lekt. 2) **quidquid** (▷ quid Lekt. 1)	jeder, der; wer auch immer alles, was; was auch immer	
	cōnsuētūdō, cōnsuētūdinis *f.*	die/eine Gewohnheit	
	cōnsīderāre, cōnsīderō, cōnsīderāvī, cōnsīderātum	betrachten; überlegen	
	libīdō, libīdinis *f.*	(die) Wollust, (die) Lust; (die) Willkür	
35	**perferre, perferō, pertulī, perlātum** (▷ per Lekt. 5, ▷ ferre Lekt. 20)	ertragen	

Lektion 34

uxōrem dūcere (▷ dūcere Lekt. 5)	als Ehefrau heimführen, (eine Frau) heiraten	
incertus, -a, -um (▷ certus Lekt. 22)	unsicher, unschlüssig; ungewiss, unklar	
repudiāre, repudiō, repudiāvī, repudiātum	zurückweisen, ablehnen; *hier:* verstoßen	
nōbilitās, nōbilitātis *f.*	die/eine Berühmtheit; (der) Adel, (die) vornehme Abstammung	*dt.* nobel
gignere, gignō, genuī, genitum	zeugen; gebären; hervorbringen	
videlicet *(Adv.)*	offenbar, natürlich; nämlich	
modo *(Adv.)* (▷ modus Lekt. 6)	gerade, sogleich; nur	
occurrere, occurrō, occurrī *und* **occucurrī, occursum** (▷ currere Lekt. 5)	entgegeneilen, begegnen; sich zeigen; einfallen	
īnstituere, īnstituō, īnstituī, īnstitūtum	aufstellen; einrichten; unterrichten	*dt.* das Institut

opera, -ae *f.* **operam dare** (▷ dare Lekt. 4)	(die) Mühe; (die) Arbeit sich Mühe geben, sich bemühen	*dt.* die Oper, die Operation; *it.* opera
ērudīre, ērudiō, ērudīvī *und* **ērudiī, ērudītum**	ausbilden, unterrichten	
aetās, aetātis *f.*	die/eine Zeit; die/eine Epoche; das/ein (Lebens)Alter; die/eine Generation	*engl.* age; *fr.* l'âge
exercēre, exerceō, exercuī, **exercitum** (▷ exercitus Lekt. 11)	bewegen, umhertreiben; üben, ausüben	*engl.* exercise
honestās, honestātis *f.* (▷ honestus, -a, -um Lekt. 9)	Ehre; Ehrenhaftigkeit, Ansehen, Würde	
priusquam	bevor, ehe	
māior nātū (▷ nāscī Lekt. 32)	(von Geburt älter) = älter; *hier:* der älteste	
praeficere, praeficiō, praefēcī, **praefectum** (▷ prae Lekt. 6, ▷ facere Lekt. 10) **praeficere eum exercituī**	an die Spitze stellen, den Befehl übertragen ihn an die Spitze des Heeres stellen, ihm den Befehl über das Heer übertragen	

pietās, pietātis *f.*	(das) Pflichtbewusstsein; (die) Frömmigkeit; (die) Liebe	*dt.* die Pietät
documentum, -ī *n.*	der/ein Beweis; das/ein Beispiel	*dt.* das Dokument
ostendere, ostendō, ostendī, ostentum	zeigen, darlegen	
nepōs, nepōtis *m.*	der/ein Enkel	
succēdere, succēdō, successī, successum *(mit Dat.)* (▷ cēdere Lekt. 17)	jemandem nachfolgen; zu jemandes Nachfolger werden	
domī *(Adv.)* (▷ domus Lekt. 11)	zu Hause	*dt.* der Dom
sequī, sequor, secūtus sum	folgen	
plūrimum *(Adv.)*	sehr viel *hier:* sehr innig; über alles	*dt.* der Plural
dīligere, dīligō, dīlēxī, dīlēctum (▷ dīligentia Lekt. 29)	lieben, hochschätzen	
quisquam (▷ quis Lekt. 2)	irgendjemand	
carēre, careō, caruī *(mit Abl.)*	etw. entbehren	

dēsīderium, -ī *n.* (▷ dēsīderāre Lekt. 5)	(die) Sehnsucht, (das) Verlangen	
30 **spīritus, spīritūs** *m.*	(der) Atem; (das) Leben; (der) Geist	
querēl(l)a, -ae *f.*	die/eine Klage; die/eine Beschwerde	
vīgintī	zwanzig	*fr.* vingt
bis *(Adv.)*	zweimal	
iungere, iungō, iūnxī, iūnctum	verbinden, vereinigen	*dt.* die Konjunktion, die Subjunktion

Lektion 35

dexter, dextra, dextrum **dextra (manus), dextrae (manūs)** *f.* (▷ manus Lekt. 14)	rechts die/eine rechte (Hand)	*it.* destro, -a
armātus, -a, -um (▷ arma Lekt. 17)	bewaffnet; ausgestattet mit	*dt.* die Armee
faciēs, facieī *f.*	das/ein Gesicht; (das) Aussehen, die/eine Gestalt	*dt.* die Fassade; *engl.* face
miscēre, misceō, miscuī, mixtum	mischen	*engl.* (to) mix
5 **tener, tenera, tenerum**	zart	

herba, -ae *f.*	das/ein Kraut; das/ein Gras	*engl.* herb
pendēre, pendeō, pependī	hängen	*dt.* das Pendel
cornū, cornūs *n.*	das/ein Horn; der/ein Bogen; die/eine Flanke des Heeres	
quidem *(Adv.)*	wenigstens; freilich; zwar	
pūrus, -a, -um	rein; sauber	*dt.* pur
magis *(Adv.)* **magis** + *Adj. / Adv.* *z. B.* **magis īgnōtus** (▷ magnus Lekt. 2)	mehr; eher *entspricht dem Komparativ* unbekannter	
frōns, frontis *f.*	die/eine Stirn; die/eine Vorderseite	*dt.* die Front; *engl.* front, in front of
lūmen, lūminis *n.*	das/ein Licht; das/ein Auge	*fr.* lumière
quamvīs (▷ quam Lekt. 7, ▷ velle Lekt. 29)	wie sehr auch; obwohl	
contingere, contingō, contigī, contāctum (▷ tangere Lekt. 6) **contingit, contigit**	berühren es wird zuteil; geschieht; gelingt	*dt.* der Kontakt; *engl.* (to) contact; *fr.* contact
mox *(Adv.)*	bald (danach)	

ōs, ōris *n.*	der/ein Mund; das/ein Gesicht; das/ein Maul	
dum *(mit Konj.)* (▷ dum *(mit Ind. Präs.)* Lekt. 7)	bis (dass)	
voluptās, voluptātis *f.*	das/ein Vergnügen; (die) Lust	
ōsculum, -ī *n.*	der/ein Kuss	
cēterī, -ae, -a	die Übrigen	*engl.* etc. (et cetera)
differre, differō, distulī, dīlātum (▷ ferre Lekt. 20)	aufschieben, verschieben; sich unterscheiden	*dt.* die Differenz; *engl.* difference, different; *fr.* différence, différent/e
nunc ... nunc (▷ nunc Lekt.1)	bald ... bald	
latus, lateris *n.*	die/eine Seite	
(h)arēna, -ae *f.*	(der) Sand	*dt.* die Arena
paulātim *(Adv.)* (▷ paulō post Lekt. 25)	allmählich	
modo ... modo (▷ modo Lekt. 34)	bald ... bald	
pectus, pectoris *n.*	die/eine Brust	

impedīre, impediō, impedīvī, impedītum	hindern, verhindern; *hier:* umwinden, schmücken	
audēre, audeō, ausus sum	wagen	
inde *(Adv.)*	von dort	
abīre, abeō, abiī, abitum (▷ ab Lekt. 6, ▷ īre Lekt. 5)	weggehen, fortgehen	*dt.* der Abiturient, das Abitur
ulterior, ulterior, ulterius, *Gen.:* **ulteriōris** **ulterius** *(Adv.)* (▷ ultrā Lekt. 33)	entfernter; jenseitig; vergangen weiter	
praeda, -ae *f.*	die/eine Beute	
impōnere, impōnō, imposuī, impositum (▷ in Lekt. 5, ▷ pōnere Lekt. 21)	darauflegen, auf etw. legen	*dt.* imponieren

Lektion 36

scīlicet (▷ scīre Lekt. 10, ▷ licet Lekt. 6)	natürlich, offenbar	
nōbilis, nōbilis, nōbile, *Gen.:* **nōbilis** (▷ nōbilitās Lekt. 34)	edel, vornehm, adelig	*dt.* nobel
certāmen, certāminis *n.* (▷ certāre Lekt. 10)	der/ein Streit; der/ein Wettkampf; das/ein Wettrennen	
commodum, -ī *n.*	der/ein Vorteil	
5 **proximus, -a, -um** **proximus ā** (▷ prope Lekt. 5)	der nächste in nächster Nähe von	*fr.* prochain,-e; *it.* prossimo, -a
prohibēre, prohibeō, prohibuī, prohibitum	fernhalten von, abhalten; hindern	
iungere, iungō, iūnxī, iūnctum	verbinden, vereinigen	*dt.* die Konjunktion, die Subjunktion
latus, lateris *n.*	die/eine Seite	
sermō, sermōnis *m.*	das/ein Gespräch	
10 **orīgō, orīginis** *f.*	der/ein Ursprung	*dt.* original, originell; *fr.* original, -e

	sonus, -ī *m.*	der/ein Klang; der/ein Ton; das/ein Geräusch; *hier:* der/ein Gesprächsstoff	
	requīrere, requīrō, requīsīvī, requīsītum (▷ quaerere Lekt. 5)	(auf)suchen; sich erkundigen	
	quisquis **quidquid**	jeder, der; wer auch immer; alles, was; was auch immer	
	frequēns, frequēns, frequēns, *Gen.:* **frequentis**	häufig; gut besucht, aus vielen Menschen bestehend	*dt.* die Frequenz
15	**pulvis, pulveris** *m.*	(der) Staub	*dt.* das Pulver
	etsī	auch wenn	
	aptus, -a, -um	passend, geeignet	
	nimium *(Adv.)*	zu sehr	
	dēmittere, dēmittō, dēmīsī, dēmissum (▷ mittere Lekt. 11)	herabschicken, herabfallen lassen	
20	**efferre, efferō, extulī, ēlātum** (▷ ex Lekt. 6; ▷ ferre Lekt. 20)	aufheben, emporheben; hinaustragen	
	humus, -ī *f.*	(der) Boden, (die) Erde	

contingere, contingō, contīgī, contāctum (▷ tangere Lekt. 6) **contingit, contīgit**	berühren es wird zuteil; geschieht; gelingt	*dt.* der Kontakt; *engl.* (to) contact; *fr.* contact
respicere, respiciō, respexī, respectum (▷ spectāre Lekt. 2)	nach hinten schauen, zurückblicken	*dt.* der Respekt; *fr.* respecter
quīcumque, quaecumque, quodcumque (▷ quī, quae, quod Lekt. 9)	wer auch immer; jeder, der	
25 **oppōnere, oppōnō, opposuī, oppositum** (▷ pōnere Lekt. 21)	entgegenstellen	*dt.* die Opposition; *engl.* opposite; *fr.* s'opposer
levis, levis, leve, *Gen.:* **levis**	leicht, leichtsinnig, leichtgläubig	
compōnere, compōnō, composuī, compositum (▷ cum Lekt. 6, ▷ pōnere Lekt. 21)	ordnen; zusammensetzen, zusammenfügen	*dt.* komponieren, der Komponist; *engl.* (to) compose
prōdesse, prōsum, prōfuī (▷ prō Lekt.6 , ▷ esse Lekt. 1) **prōdest, prōfuit**	nützen es nützt	
ventus, -ī *m.*	der/ein Wind	*fr.* vent

Lektion 37

vallis, vallis *f.*	das/ein Tal	*fr.* vallée
frequēns, frequēns, frequēns, *Gen.*: **frequentis**	häufig; gut besucht, aus vielen Menschen bestehend	*dt.* die Frequenz
ovis, ovis *f.*	das/ein Schaf	
tardus, -a, -um	langsam, träge	*fr.* tard; *sp.* tarde
carpere, carpō, carpsī, carptum	pflücken, rupfen *hier:* abgrasen, abfressen	
ōs, ōris *n.*	der/ein Mund, das/ein Gesicht; das/ein Maul	
cōnsistere, cōnsistō, cōnstitī (▷ sistere Lekt. 37)	haltmachen; sich hinstellen	
āla, -ae *f.*	der/ein Flügel	
simul *(Adv.)* (▷ similis Lekt. 27)	zugleich, gleichzeitig	
tener, tenera, tenerum	zart	
impōnere, impōnō, imposuī, impositum (▷ in Lekt. 5, ▷ pōnere Lekt. 21)	drauflegen, auf etw. legen	*dt.* imponieren

certāmen, certāminis *n.* (▷ certāre Lekt. 10)	der/ein Streit; der/ein Wettkampf; das/ein Wettrennen	
sistere, sistō, stetī, statum	anhalten; aufstellen; *hier:* beenden	
iūdex, iūdicis *m. u. f.*	der/ein Richter, die/eine Richterin	
querī, queror, questus sum (▷ querel(l)a Lekt. 34)	(be)klagen; sich beklagen, sich beschweren	
magis *(Adv.)* (▷ magnus Lekt. 2)	mehr; eher	
unde *(Adv.)*	woher	
iūdicium, -ī *n.*	das/ein Urteil	
sollicitāre, sollicitō, sollicitāvī, sollicitātum	erregen, bewegen, erschüttern; *hier:* bestechen; beeinflussen	
coniū(n)x, coniugis *f.*	die/eine Ehefrau, die/eine Gattin	
iactāre, iactō, iactāvī, iactātum	hin und her werfen; schleudern; rühmen; *hier:* in die Waagschale werfen	
dubitāre, dubitō, dubitāvī, dubitātum	(an)zweifeln	
mūnus, mūneris *n.*	das/ein Geschenk; die/eine Leistung	
aequus, -a, -um **ex aequō**	eben, gerade; günstig; gleich, gerecht gleicherweise, gleichermaßen	*dt.* der Äquator; *engl.* (to) equalize

Meine Vokabel-Notizen

Meine Vokabel-Notizen

Meine Vokabel-Notizen

Meine Vokabel-Notizen

Meine Vokabel-Notizen

Meine Vokabel-Notizen
